Neil Armstrong

Hombre en la luna

Tamara Hollingsworth

Asesor

Glenn Manns, M.A.

Coordinador del programa de enseñanza de Historia de los Estados Unidos en la Cooperativa Educativa de Ohio Valley

Créditos

Dona Herweck Rice, *Gerente de redacción*; Lee Aucoin, *Directora creativa*; Conni Medina, M.A.Ed., *Directora editorial*; Katie Das, *Editora asociada*; Neri Garcia, *Diseñador principal*; Stephanie Reid, *Investigadora fotográfica*; Rachelle Cracchiolo, M.S.Ed., *Editora comercial*

Créditos fotográficos

portada Colección de la NASA de fotografías de vuelos espaciales tripulados; p.1 Colección de la NASA de fotografías de vuelos espaciales tripulados; p.4 (izquierda) Sociedad Histórica de Ohio, (derecha) mkm3/Shutterstock; p.5 Sociedad Histórica de Ohio; p.6 ClassicStock/Alamy; p.7 JM Knapp/Flickr; p.8 Tomo Jesenicnik/Shutterstock; p.9 Ivan Cholakov/Shutterstock; p.10 Michal Baranski/Shutterstock; p.11 (superior izquierda) Colección del Centro Espacial Johnson de la NASA, (superior derecha) Wright/Wikimedia, (inferior) Lee Noland/Wikimedia; p.12 NASA; p.13 Stephen B. Goodwin/Shutterstock; p.14 NASA; p.15 (izquierda) Colección del Centro Marshall de Vuelos Espaciales de la NASA, (derecha) Colección del Centro Marshall de Vuelos Espaciales de la NASA; p.16 NASA Colección Great Images in Nasa; p.17 Colección del Centro Marshall de Vuelos Espaciales de la NASA; p.18 Centro Espacial Kennedy de la NASA; p.19 AFP/Getty Images; p.20 Time Life Pictures/Getty Images; p.21 NASA Colección Great Images in Nasa; p.22 (izquierda) NASA Colección Great Images in Nasa, (derecha) Alistair Scott/Shutterstock; p.23 RIA Novosti/Alamy; p.24 Centro Espacial Kennedy de la NASA; p.25 MCT/Newscom; p.26 Colección del Centro de Investigaciones de Vuelo Dryden de la NASA; p.27 Escuela primaria Neil Armstrong; p.28 (izquierda) Sociedad Histórica de Ohio, (derecha) NASA; p.29 (izquierda) Colección del Centro Marshall de Vuelos Espaciales de la NASA, (derecha) Galería de imágenes del cincuentenario de la NASA; p.32 Doug Stoup

Teacher Created Materials

5301 Oceanus Drive
Huntington Beach, CA 92649-1030
http://www.tcmpub.com

ISBN 978-1-4333-2577-9

©2011 Teacher Created Materials, Inc.

Tabla de contenido

Neil de joven

Neil Armstrong nació el 5 de agosto de 1930. Su familia vivía en Ohio. Se mudaban con frecuencia. ¡La familia vivió en 20 ciudades cuando Neil era un niño!

Neil de joven en su uniforme de banda

Neil y su hermana menor montan un triciclo.

A Neil siempre le gustó probar cosas nuevas. Era **aventurero**. Se unió a un club llamado los "Boy Scouts". Los Boy Scouts, o niños exploradores, aprendían y practicaban habilidades de **supervivencia**.

Dato curioso

Los Boy Scouts aprenden a hacer fogatas, montar tiendas de campaña y hacer nudos.

Un boy scout de 1940

SENIORS

KATHRYN ANN KAH
"She has a wonderful gift of making friends."

Student Council 1, 2, 3, 4, President 4; Green Triangle 1; Red Rectangle 2; Y-Teens 3, 4; Photography Club 4; Girls' Athletic Association 1, 2, 3, 4; Boosters Club 1, 2, 3, 4; 4-H Club 1, 2, 3; Home Economics Club 3, Vice-President 3; Home Room Vice-President 3.

NEIL A. ARMSTRONG
"He thinks, he acts, 'tis done."

Band 2, 3, 4, Vice-President 4; Orchestra 3; Glee Club 2; Student Council 3, 4, Vice-President 4; Retrospect Staff; Junior Hi-Y 2; Senior Hi-Y 3, 4; Boosters Club 2, 3, 4; Junior Class Play; Home Room President 3; Boys' State 3; Transferred from Upper Sandusky High School 1.

La foto de Neil en el anuario de la escuela secundaria

Neil asistía a exhibiciones aéreas con su padre. A los seis años se subió por primera vez a un avión. ¡Le encantó! En ese momento, supo que quería ser **piloto**.

Una exhibición aérea con aviones antiguos

Interior de la cabina de un avión militar

Dato curioso

¡Neil obtuvo su licencia de piloto cuando apenas tenía 16 años!

Cuando fue mayor, Neil quería seguir probando cosas nuevas. Se alistó en la **Marina**. Con la Marina, Neil tuvo la posibilidad de recorrer el mundo. También tuvo la oportunidad de pilotar aviones.

Un mapa del mundo que muestra algunos de los lugares que Neil visitó

Neil

Neil en un barco
de la Marina

Un barco de la Marina

Aviones militares estacionados
en un barco de la Marina

Neil y los vuelos espaciales

Neil quería aprender más. La Marina lo envió a la universidad. Tomó clases especiales para aprender sobre los vuelos espaciales.

Neil estudia.

Neil asistió a la Universidad Purdue.

Neil quería usar las cosas nuevas que aprendió en la universidad. Fue a trabajar a la **NASA**. La NASA es el programa espacial de los Estados Unidos. Él ayudó a **diseñar** y a arreglar aviones y **cohetes**. Se convirtió en **astronauta**.

Neil junto a un equipo de astronautas

¡Los astronautas son un poco más altos en el espacio! Ya que hay menos **gravedad**, sus huesos están menos apretados entre sí.

Neil en su uniforme espacial

Neil

Neil y otros astronautas en camino hacia la nave espacial

Como astronauta, Neil voló por el espacio. La gente pensaba que volar en el espacio era peligroso. Neil no pensaba eso. ¡A él le encantaba conocer nuevos lugares! El siguiente lugar al cual quería visitar era la luna.

Neil y la tripulación esperan a que los recoja un barco de la Marina.

Neil viajó al espacio muchas veces antes de volar a la luna.

Dentro de esta nave espacial viajaban Neil y dos hombres más.

La NASA tenía una nueva **misión** llamada Apolo 11. Un cohete llevaría a tres hombres a la luna. Serían las primeras personas en tocar la luna. ¡Neil iba a ir!

Neil y los otros astronautas de la misión Apolo 11

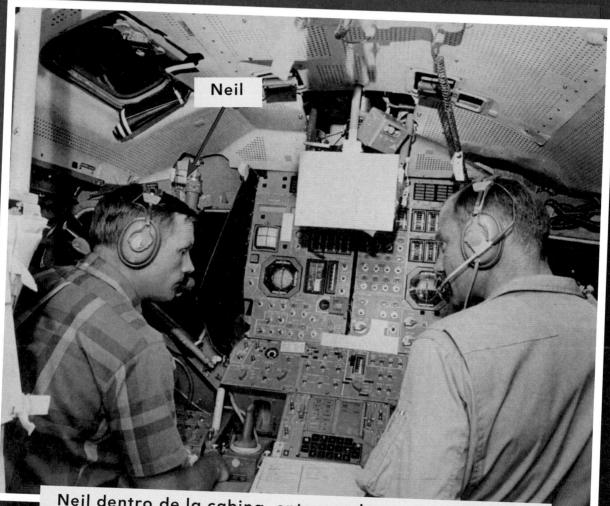

Neil

Neil dentro de la cabina, entrenando para una misión.

Neil en la luna

El 20 de julio de 1969, el cohete aterrizó. Neil abrió la puerta. Dio un paso hacia abajo. ¡Neil estaba caminando en la luna! Estaba haciendo algo que nunca había hecho otra persona.

La esposa, los hijos y los amigos de Neil lo miran aterrizar en la luna.

Dato curioso

En la luna, Neil dijo, —Éste es un pequeño paso para el hombre, pero un gran salto para la humanidad—.

Neil fue la primera persona en caminar sobre la luna. Cuando regresó, la gente quería saber sobre la luna. Neil fue a Rusia para hablar sobre su viaje.

La huella de Neil en la luna

Neil recibe un premio en Rusia.

Neil habla sobre el espacio

Neil dijo que su misión a la luna fue la última. Quería que otros astronautas también volaran al espacio. Viajó por todo el mundo para hablar sobre su trabajo.

Neil habla sobre sus misiones espaciales.

Neil con el presidente Barack Obama

Neil ganó muchos premios por su trabajo como astronauta. Luego se convirtió en un profesor universitario. Quería ayudar a los jóvenes a aprender cosas nuevas.

Neil Armstrong

Hay más de doce escuelas en homenaje a Neil.

Neil Armstrong ELEMENTARY SCHOOL

21-MAY 9 STAR TESTING
4 TEACHER APPRECIATION WK
14 MUFFINS FOR MOMS 7:30AM
19 NO SCHOOL

Una escuela de California que lleva el nombre de Neil

Línea del

1930
Neil Armstrong nace en Ohio.

1955
Neil se gradúa de la Universidad Purdue.

tiempo

1962
Neil se incorpora a la NASA.

1969
Neil camina sobre la luna.

1971
Neil se convierte en un profesor universitario.

Glosario

astronauta—persona que viaja por el espacio

aventurero—dispuesto a probar cosas nuevas

cohete—vehículo largo y alto que viaja por el espacio

diseñar—dibujar o planear algo para construirlo o fabricarlo

gravedad—la fuerza que hace que las cosas se caigan al suelo

Marina—rama del ejército a la que pertenecen los pilotos, las embarcaciones y los marineros

misión—viaje en un vehículo espacial o un avión militar

NASA—programa espacial de los Estados Unidos

piloto—persona que vuela una aeronave

supervivencia—capacidad de seguir viviendo después de un suceso peligroso

Índice

Estadounidenses de hoy

Doug Stoup es alpinista. Deseaba escalar una montaña que nadie hubiera escalado antes. En el 2001, viajó a la Antártida. Muchas personas creen que ése es un lugar muy peligroso. ¡Doug escaló todas las montañas que hay en la Antártida! Ningún estadounidense lo había hecho antes. Doug quería explorar un lugar nuevo, tal como lo hizo Neil.